GEOGRAFÍA DE MÉXICO

AL SUR DE NUESTRA FRONTERA

por Laura Conlon
Versión en español por Aída E. Marcuse

ESTADOS UNIDOS
DE AMÉRICA

Ensenada

Baja California

río Río Grande

Golfo de México

MÉXICO

CIUDAD DE MÉXICO

Cancún
Cozumel

Península de Yucatán

Cadena Sierra Madre

Acapulco

Océano Pacífico

Mar Caribe

AMÉRICA CENTRAL

ESTADOS UNIDOS DE AMÉRICA

Océano Atlántico

MÉXICO

AMÉRICA CENTRAL

AMÉRICA DEL SUR

The Rourke Book Co., Inc.
Vero Beach, Florida 32964

FOTOGRAFÍAS:
© Frank Balthis: cubierta delantera, páginas 8, 12; © Steve Bentsen:
páginas 4, 10; © Steve Warble: página 15; © Robert Pelham: página
17; © Jerry Hennen: página 18; © Lynn Stone: página 21; cortesía del
Ministerio de Turismo de México: primera página, páginas 7, 13.

Catalogado en la Biblioteca del Congreso bajo:

Conlon, Laura, 1959-
    [México. Español]
    Geografía de México / por Laura Laura Conlon; version en español
por Aída E. Marcuse.
        p. cm. — (Al sur de nuestra frontera)
    Incluye ídices.
    ISBN 1-55916-077-2
    1. México—Geografía—Literatura juvenil. I. Título.
II. Series.
F1210.9C6618   1994
917.2—dc20   94-18332
                                                        CIP

Printed in the USA

ÍNDICE

GEOGRAFÍA DE MÉXICO

Quienes visitan México por primera vez siempre se sorprenden, especialmente si provienen de los Estados Unidos. ¿Por qué? Porque creen que todo el territorio de México es cálido, seco y está lleno de matorrales, como muchas partes de Texas, Nuevo México y Arizona.

En cambio, México es un país de América del Norte con 31 estados muy diferentes. Dos tercios de su superficie se componen de montañas y altas **mesetas.**

Los **bosques lluviosos,** los desiertos, las costas marinas y los verdes valles también contribuyen a que los paisajes de México sean muy variados.

Densos bosques lluviosos, de árboles de follaje siempre verde, forman una parte de México

LAS MONTAÑAS

En México hay tres cadenas montañosas que elevan sus picos a grandes alturas. Todas ellas forman parte de la Sierra Madre.

Las áreas montañosas de México son muy escarpadas. Hay **cañones** que son más profundos que algunas partes del Gran Cañón. Muchos de esos **remotos** lugares son de acceso tan difícil, que hasta ahora no han sido explorados.

En México hay muchos **volcanes.** El Monte Orizaba es un volcán extinguido–es decir, inactivo–. Con 18.700 pies (6.235 metros) de altura, es el pico más alto del país. El último volcán que **entró en erupción** en México fue el Monte Chinchón, en 1982.

Estas escarpadas montañas se elevan sobre el Cañón Copper, en el estado de Chihuahua

LAS MESETAS

Entre las cadenas montañosas del este y el oeste de México existe una enorme meseta, o *altiplano*. La mayor parte del norte del altiplano es desértica. En el área llueve poco y las temperaturas diurnas son elevadas.

La Meseta Central forma la parte sur del altiplano. Allí las temperaturas son más bajas y las lluvias más frecuentes, lo cual permite el desarrollo de la agricultura. Las ciudades más grandes de México y la mayor parte de la población del país se encuentran en la Meseta Central.

La mayoría de los habitantes de México vive en las mesetas

LOS BOSQUES

En la parte central de México, los bosques de pinos se aferran a las laderas de las montañas. Otros "bosques", de arbustos espinosos, cubren las áreas desérticas.

Los bosques más fantásticos de México son los bosques lluviosos, cuyo denso follaje permanece siempre verde. En esos bosques tropicales viven numerosas especies de plantas y animales, como monos, jaguares y guacamayas de color escarlata.

En uno de ellos, Quintana Roo, crecen los árboles sapodilla. De ellos se extrae el **chicle,** la sustancia con que se hace la goma de mascar.

En los claros de los bosques lluviosos de Tamaulipas hay pequeñas cabañas como éstas

11

En la península Baja, la arena hace ondas en las dunas

La playa de Tulum está bordeada por rocas y palmeras

LAS COSTAS

Muchas de las costas e islas marinas de México están bordeadas por playas de arena, pero otras, tienen en su lugar riscos o acantilados.

Las dos costas, la del Atlántico y la del Pacífico, casi se juntan en el **Istmo** de Tehuantepec, que tiene casi 130 millas (214 kilómetros y medio) de ancho.

Como el agua es cálida y clara, abunda la vida marina. En los **arrecifes de coral** se esconden cientos de especies de peces multicolores y otros animales marinos.

14

LAS PENÍNSULAS

Una **península** es una larga faja de tierra casi totalmente rodeada de agua. En México hay dos muy especiales.

La península Baja, en la costa oeste, es una de las más largas del mundo. Tiene 800 millas (1.320 kilómetros) de largo.

La península de Yucatán, al este de México, no tiene ríos en la superficie. En cambio, tiene ríos subterráneos. En la superficie de la península hay unos largos hoyos, llamados cenotes, que conducen a esos ríos.

Una escalera iluminada (a la derecha) conduce a uno de los cenotes en la península de Yucatán

LOS RÍOS Y LOS LAGOS

El Río Grande es el río más largo de México. Forma casi 1.300 millas (2.145 kilómetros) del límite de México con los Estados Unidos.

El lago más grande del país es el lago Chapala, que cubre 417 millas cuadradas (688 kilómetros cuadrados).

El lago Xochimilco es famoso por sus jardines flotantes. Hace muchísimo tiempo, los habitantes de la región formaron pequeñas islas en el lago al unir con barro grandes montones de ramitas. Luego plantaron flores y verduras en el barro, creando los jardines flotantes que aún se ven hoy en día.

El Río Grande forma casi 1.300 millas (2.145 kilómetros) del límite entre México y los Estados Unidos

LOS DESIERTOS

El noroeste de México se compone de áridos desiertos, que hasta hoy son lugares agrestes y sin carreteras.

Las Montañas Rocosas se elevan por sobre los cañones y cráteres. El Gran Desierto es un mar de arena que el viento lleva de un lado a otro.

El Desierto Sonora es más animado. En él crecen los enormes cactos saguaro, que alcanzan a medir más de 50 pies (15 metros) de altura, y hasta pueden parecer árboles. Tejones, coyotes, gatos monteses, lagartos, serpientes, escorpiones y muchas bandadas de pájaros viven entre las plantas del desierto.

En Sonora el desierto Sonora florece durante la primavera

EL CLIMA

Se llama clima al tiempo que hace en un lugar durante un largo período. México tiene 761.604 millas cuadradas (1.256.466 kilómetros cuadrados) de superficie. Por ser un país tan grande, el clima es distinto de un lugar a otro.

La costa del Golfo de México, por ejemplo, tiene clima cálido todo el año, y a veces, lluvias abundantes.

Los desiertos son muy secos y calurosos durante los meses de verano.

A 8.000 pies (2.400 metros) de altura sobre el nivel del mar, el clima de las montañas es fresco. Y en los picos más altos, que permanecen cubiertos de nieve todo el año, ¡siempre hace mucho *frío*!

Glosario

arrecife de coral — plataforma rocosa submarina, formada a través de mucho tiempo por unos pequeños animales llamados coral

bosque lluvioso — bosque muy denso, de árboles siempre verdes, de las zonas tropicales donde llueve frecuentemente

cañón — vallle largo y angosto que está entre acantilados escarpados

chicle — savia del árbol sapodilla que se utiliza para hacer la goma de mascar

entrar en erupción — arrojar lava

istmo — estrecha franja de tierra rodeada de agua por ambos lados

meseta — área de superficie llana que se eleva por encima del terreno que la rodea

península — faja de tierra casi enteramente rodeada de agua

remoto — muy alejado, o lejos de los caminos habituales

volcán — abertura en la corteza terrestre por la cual son arrojados al aire lava, rocas y cenizas

ÍNDICE ALFABÉTICO